Das wunderbare Einhorn Kreativbuch

Inhalt

Kreativ

- 4 **Super süßes Häkel-Einhorn**
- 20 **Deine Einhorn-Pummel-Tasse**
- 26 **Einhorn-Kirschkernkissen**
- 30 **Einhorn-T-Shirt**
- 42 **Schlüsselanhänger**

Lecker

- 10 **Einhorn-Poops** zum Vernaschen
- 22 **Unicorn-Cookies** zum Verlieben
- 32 **Rainbow-Cupcakes**
- 36 **Die große Einhorn-Motivtorte**

Beauty

- **12** **Einhorn-Glitzerduschgel**
- **18** **Sprudelnde Badekugeln**
  in Regenbogenfarben
- **34** **Motiv-Knetseife**
  Wölkchen & Co.

Einhorn-Party

- **8** **Einhorn-Party-Girlande**
- **14** **Einhorn-Party-Haarreif**
- **16** **Regenbogen-Popcorn**
- **28** **Regenbogen-Party-Brille**

Vorlagen ab S. 44

Super süßes Häkel-Einhorn

Material

50 g Häkelgarn in Himbeer sowie Reste in Apricot, Flieder, Natur, Grün und Gelb (100 % Baumwolle, LL 125 m/50 g) ★ Rest Häkelgarn in Gold (100 % Polyester, LL 185 m/50 g) ★ Häkelnadel Nr. 2,5 ★ 2 Sicherheitsaugen in Schwarz (Ø 6 mm) ★ Füllwatte ★ Nähnadel

GRÖSSE: ca. 14 cm hoch

SCHWIERIGKEITSGRAD:

Für kreative Einhornfans wird's jetzt ganz Rosa. Und ein Blümchen kommt auch dazu. Perfekt für alle, die der besten Freundin „Danke!" sagen oder jemandem eine kleine Freude machen wollen.

So wird's gemacht:

Körper

In Himbeer von hinten beginnen.
1. Rd: 2 Lfm, 6 fM in 2. Lfm (= 6 fM)
2. Rd: jede M verd (= 12 fM)
3. Rd: jede 2. M verd (= 18 fM)
4. Rd: jede 3. M verd (= 24 fM)
5. Rd: jede 4. M verd (= 30 fM)
6. Rd: jede 5. M verd (= 36 fM)
7.–15. Rd: 36 fM
16. Rd: jede 5. und 6. M zus.häkeln (= 30 fM)
17. Rd: 30 fM
18. Rd: jede 4. und 5. M zus.häkeln (= 24 fM)
19. Rd: 24 fM
20. Rd: jede 3. und 4. M zus.häkeln (= 18 fM)
21. Rd: 18 fM
Körper mit Füllwatte ausstopfen.
22. Rd: jede 2. und 3. M zus.häkeln (= 12 fM)
23. Rd: je 2 M zus.häkeln (= 6 fM)
Faden durch alle 6 M ziehen.

Kopf

Von der Nase zum Hals arbeiten.
1. Rd: in Flieder 2 Lfm, 6 fM in 2. Lfm (= 6 fM)
2. Rd: jede M verd (= 12 fM)
3. Rd: jede 2. M verd (= 18 fM)
4. Rd: jede 3. M verd (= 24 fM)
5.–8. Rd: 24 fM
9. Rd: in Himbeer jede 4. M verd (= 30 fM)
10. Rd: 30 fM
11. Rd: jede 5. M verd (= 36 fM)
12.–15. Rd: 36 fM
Augen zwischen der 11. und 12. Rd mit 6 fM Abstand zwischen den Einstichstellen einsetzen. Mit Füllwatte ausstopfen.
16. Rd: jede 5. und 6. M zus.häkeln (= 30 fM)
17. Rd: jede 4. und 5. M zus.häkeln (= 24 fM)
18. Rd: jede 3. und 4. M zus.häkeln (= 18 fM)
19. Rd: jede 2. und 3. M zus.häkeln (= 12 fM)
20. Rd: je 2 M zus.häkeln (= 6 fM)
Faden durch alle 6 M ziehen.

Lippe

1. Rd: in Flieder 2 Lfm, 6 fM in 2. Lfm (= 6 fM)
2. Rd: jede M verd (= 12 fM)
3.+4. Rd: 12 fM

Ohr (2 x)

1. Rd: in Himbeer 2 Lfm, 6 fM in 2. Lfm (= 6 fM)
2. Rd: 6 fM
3. Rd: jede 2. M verd (= 9 fM)
4.–6. Rd: 9 fM

Horn

1. Rd: in Gold 2 Lfm, 6 fM in 2. Lfm (= 6 fM)
2.–7. Rd: 6 fM

Hinterbein (2 x)

1. Rd: in Flieder 2 Lfm, 6 fM in 2. Lfm (= 6 fM)
2. Rd: jede M verd (= 12 fM)
3. Rd: jede 4. M verd (= 15 fM)
4.–6. Rd: 15 fM
7. Rd: in Himbeer jede 4. und 5. M zus.häkeln (= 12 fM)
8.–17. Rd: 12 fM
Mit Füllwatte ausstopfen.
18. Rd: jede 3. und 4. M zus.häkeln (= 9 fM)
19.–21. Rd: 9 fM
Faden lang abschneiden.

Vorderbein (2 x)

1. Rd: in Flieder 2 Lfm, 6 fM in 2. Lfm (= 6 fM)
2. Rd: jede M verd (= 12 fM)
3.–5. Rd: 12 fM
6.–19. Rd: in Himbeer 12 fM
Mit Füllwatte ausstopfen, Faden lang abschneiden.

Mähne und Schweif

In den Farben Apricot, Flieder und Natur Lfm-Ketten in Wunschlänge anfertigen, ca. 20 Ketten für die Mähne und 8 Ketten für den Schweif.

Blume

Für den Stiel in Grün 12 Lfm häkeln. Für die Blüte in Gelb 2 Lfm, in die 2. Lfm ab Rd *3 Lfm, 1 Stb, 3 Lfm, 1 Km*, von * bis * noch 4 x wdh.

Fertigstellen

Lippe an der Unterseite des Kopfes an die 8. Rd (= letzte Rd in Rosa) nähen, sodass der Mund offen steht. Horn und Ohren an den Kopf, Kopf und Beine an den Körper nähen. Blume im Maul annähen. Mähne mit Mittelscheitel (oder nach Wunsch klassisch den Hinterkopf und Nacken hinab) und Schweif ebenfalls festnähen. Nüstern aufsticken. Alle Fäden vernähen.

Variation:

Wenn du eine eher fortgeschrittene Häklerin bist, kannst du das Einhorn ganz leicht abwandeln. Etwas anderes Garn und andere Farben und schon hat das kleine rosa Einhorn eine schneeweiße Schwester mit Flauschmähne. Für das Horn 8 Luftmaschen häkeln und zum Ring schließen. Eine feste Masche in jede Luftmasche häkeln. Insgesamt 14 Runden häkeln, dabei regelmäßig Maschen abnehmen, bis das Horn oben spitz zuläuft. Die Flauschgarnmähne wird angeknüpft.

Einhorn-Party-Girlande

Heute feiern wir eine einhornstarke Party! Die richtige Dekoration ist da natürlich ein Muss! Schnapp dir Neonkrepp und Glitzerpapier und wir legen los!

Material

Kopierer mit Druckerpapier
Papierschere
Fotokarton in verschiedenen Farben
Glitzerpappe in Gold
Bastelkleber
Kordel
Klebeband
Krepppapier
Lineal

So geht's:

Kopiere die Vorlagen von Seite 44 aus dem Buch und schneide sie aus.

Übertrage die Umrisse von Einhornkopf und Stern beliebig oft auf Fotokarton in deinen Lieblingsfarben. Je mehr Einhornköpfe und Sterne, desto länger wird deine Girlande.

Zeichne das Horn noch einmal extra auf Glitzerpappe, schneide es aus und klebe es auf den Einhornkopf.

Lege jetzt einen langen Kordelfaden über die Arbeitsfläche und fixiere die Einhornköpfe auf der Rückseite mit Klebeband. Achte darauf, dass der Faden im oberen Drittel aufgeklebt wird, um ein Kippen der Köpfe zu verhindern.

Schneide aus Krepppapier pro Stern ca. 20 cm lange und 2 cm breite Streifen. Zwirble diese an einem Ende zusammen und klebe sie auf die Rückseite der Sterne.

Fast geschafft! Fixiere jetzt die Sternschnuppen von hinten mit Klebeband an der Kordel.

Vorlage S. 44

Schwierigkeitsgrad:

Einhorn-Poops
zum Vernaschen

Ooops! Das hier ist kein kleines Malheur, sondern Einhorns zuckersüßes Farb-Poop. Wem es noch nicht süß genug ist: Streu' Glitzer drauf!

Zutaten für ca. 20 Stück

5 Eiweiß
1 Prise Salz
225 g Zucker

Außerdem:
Lebensmittelfarbe (Paste) in Lila, Gelb und Grün
backfester goldener feiner Zuckerglitter
Spritzbeutel mit 3 Kammern
Lochtülle (ca. 1 cm)

Den Backofen auf 100 °C Umluft vorheizen. Zwei Backbleche mit Backpapier belegen. Eine glatte Lochtülle mit ca. 1 cm Durchmesser auf den Spritzbeutel schrauben.

Eiweiß mit Salz steif schlagen. Dann esslöffelweise den Zucker zugeben. So lange weiterschlagen, bis sich die Zuckerkristalle aufgelöst haben und die Masse fest und glänzend ist.

Die Baisermasse gleichmäßig auf drei Schüsseln verteilen. Die Massen anschließend mit wenig Lebensmittelfarbe zart einfärben.

Jede Farbe in eine Spritzbeutelkammer füllen und anschließend kleine Poops auf die Bleche spritzen. Alles mit etwas goldenem Zuckerglitter bestäuben und im Backofen rund 1 Stunde 30 Minuten trocknen lassen. Vorsichtig vom Backpapier lösen und vollständig abkühlen lassen. Durchgetrocknete Poops halten sich luftdicht verschlossen mehrere Monate.

Zubereitungszeit: ca. 30 Minuten ♥ ca. 1 Stunde 30 Minuten zum Trocknen

Tipp:

Stelle den Spritzbeutel in ein hohes Glas.
So kann er wesentlich leichter befüllt werden.

Einhorn-Glitzerduschgel

Zutaten

200 ml ungefärbte, neutrale, cremige Flüssigseife ★ 10 ml Öl, z. B. Sonnenblumenöl, Rapsöl, Mandelöl oder Baby-Öl ★ 1 Prise bzw. Klecks Lebensmittelfarbe in Pink oder Rosa ★ 1–2 El Nail-Art-Glitzerpulver in Silber ★ optional: 25 Tropfen ätherisches Öl, Duft nach Wunsch ★ 1 Gefäß mit Verschluss für 250 ml, z. B. eine leere und gereinigte Flasche für Flüssigseife oder Shampoo

Schnell gezaubert mit einfachen Zutaten und einem extra Schuss Glitzer, verwöhnt dich das Einhorn-Glitzerduschgel einfach nur regenbogenfantastisch. Mach jeden Tag zur Glitzerschaumparty und erhöhe dein Level an Einhorn-Fluffiness.

So geht's:

Flüssigseife, Öl und Lebensmittelfarbe in ein Schälchen geben.

Alles verrühren, bis sich die Farbe aufgelöst hat und die gewünschte Farbintensität erreicht ist.

Nun Glitzerpulver einstreuen und – wenn gewünscht – das Duftöl hinzugeben.

Nochmals alles gut verrühren. In ein Gefäß mit Verschluss abfüllen.

Anwendung:

Vor der Verwendung unter der Dusche schüttelst du das Duschgel nochmals kräftig. Nimm dann eine ca. haselnussgroße Menge und verteile sie auf deinem Körper.

Tipp:

Gerne kannst du dein Glitzerduschgel auch tunen.

❶ Gib einen Klecks Schlagsahne dazu. Beachte aber dann, dass sich die Haltbarkeit verringert und du dein ultimativ cremiges Glitzerduschgel im Kühlschrank aufbewahren musst.

❷ Dein Glitzerduschgel kannst du natürlich auch in anderen Farben herstellen. Sei kreativ, nimm aber nicht zu viel Farbe.

❸ Nimmst du als Grundlage eine bereits farbige Flüssigseife, so kann die Lebensmittelfarbe geringer dosiert oder sogar weggelassen werden.

MENGE: 250 ml

SCHWIERIGKEITSGRAD: ◆ ◇ ◇

Tipp:

Schneide aus buntem Filz jeweils eine größere und eine kleinere Blüte aus. Klebe mit der Heißklebepistole die große auf die kleine Blüte und setze in die Mitte eine Perle. Klebe die Blüten mit Heißkleber auf den Haarreif. Besonders magisch sieht der Haarreif übrigens mit Hologrammfransen aus. Diese findest du in der Geschenkpapierabteilung im Kaufhaus.

VORLAGE S. 44

Einhorn-Party-
HAARREIF

Wärst du auch so gerne ein Einhorn? Heute erfüllen wir dir diesen Wunsch!
Wir basteln einen coolen Einhornhaarreif – das Must-Have für jede Einhorn-Party!

MATERIAL

Kopierer mit Druckerpapier
Papierschere
Bleistift
Filz in Weiß (ca. 20 x 18 cm)
Filz in Rosa für das Innenohr (ca. 10 x 7 cm)
Heißklebepistole
Haarreifen
Stickgarn
Filz in unterschiedlichen Farben für die Blüten
kleine Perlen
Hologrammfransen

So geht's:

Kopiere die Vorlagen von Seite 44 aus dem Buch und schneide sie aus. Übertrage die Umrisse mit einem Bleistift auf weißen und rosafarbenen Filz und schneide im Anschluss alles aus.

Das große Filzstück wird nun so zusammengedreht, dass ein spitzes Horn entsteht. Fixiere die Filzlagen des Horns mit deiner Heißklebepistole.

Leg die Heißklebepistole noch nicht weg! Klebe das Horn nun mittig am Haarreifen fest. Für einen sauberen Abschluss einfach ein rechteckiges Stück weißen Filz in der Breite des Haarreifens zuschneiden und mit Heißkleber an die Unterseite des Haarreifens kleben.

Wickle für eine schöne Form Stickgarn in regelmäßigen Abständen um das Horn. So entstehen die typischen Windungen. Der Anfang und das Ende werden ebenfalls mit einem Klecks Heißkleber befestigt.

Weiter geht's mit den Ohren! Klebe die kleinen rosafarbenen Filzstücke für die Innenohren mittig auf die großen weißen.

Streiche nun die jeweils unteren Schnittkanten der Ohren satt mit Heißkleber ein und drücke sie jeweils rechts und links neben das Horn.

SCHWIERIGKEITSGRAD: ♦ ♦ ♦

Regenbogen-Popcorn

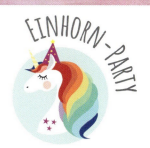

Wenn's bunt und fröhlich werden soll: Mit diesem Regenbogen-Popcorn wird der Alltag zum Glitzertag. Kunterbunt verpackt ist es ein wunderbares Mitbringsel, beim Serien-Gucken mit der besten Freundin schmeckt's allerdings am besten direkt aus der Dose.

Zutaten für

8 Portionen

- 3 El Sonnenblumenöl
- 100 g Popcornmais
- 250 g Puderzucker
- Lebensmittelfarbe in Pink, Lila, Grün und Gelb
- Glitterspray nach Belieben

Zuerst erhitzt du in einem großen Topf das Öl. Schütte dann den Mais hinein und lasse alles mit geschlossenem Deckel bei hoher Hitze so lange auf der Herdplatte stehen, bis du die ersten „Plopps" hörst. Schalte dann zurück von hoher auf mittlere Hitze. Warte so lange ab, bis nur noch ganz wenige Maiskörner aufploppen, und nimm dann den Topf von der heißen Herdplatte.

Lasse den Topf mit geschlossenem Deckel noch 2 Minuten stehen und lege zwei Backbleche mit Backpapier aus. Verteile das Popcorn anschließend auf vier Schüsseln.

Für den Zuckerguss siebe den Puderzucker in eine Schüssel und verrühre ihn mit ca. 3 Esslöffeln Wasser. Teile die Zuckermasse anschließend auf vier Schälchen auf und färbe sie in Pink, Lila, Grün und Gelb. Gieße anschließend den pinkfarbenen Zuckerguss in eine der Popcornschüsseln und hebe alles mit einem Kochlöffel so lange unter, bis an jedem Popcorn der leckere Zuckerguss haftet. Verteile das Popcorn auf eine Backblech-Hälfte und verfahre auf diese Weise mit den anderen Farben und Popcorn-Schüsseln.

Das Popcorn braucht zum völligen Trocknen ca. 1 ½ Stunden. Wenn du magst, kannst du es zusätzlich auch noch mit Glitterspray besprühen!

Zubereitungszeit: ca. 20 Minuten ♥ ca. 1 Stunde 30 Minuten zum Trocknen

Sprudelnde Badekugeln
in Regenbogenfarben

ZUTATEN

200 g Natron ★ 100 g Zitronensäure ★ 50 g Speisestärke ★ 20 ml Öl, z. B. Sonnenblumenöl, Rapsöl, Mandelöl oder Baby-Öl ★ je 1 Prise bzw. Klecks Lebensmittelfarbe, 4 Farben nach Wunsch, z. B. Blau, Rot, Grün und Gelb ★ eventuell Eiswürfelformen, Muffinformen aus Silikon oder Badekugelformer

Auf die Plätze, fertig: sprudeln! Als Einhorn-Fan wirst du diese Badekugeln lieben, denn mit diesen sprudeligen Regenbogenbomben tauchst du blitzschnell ab in eine bunte Regenbogenwelt. Ahoi Badespaß und Blubberbläschen.

So geht's:

❶ Natron, Zitronensäure und Speisestärke in einer Schüssel mischen. Langsam das Öl dazugeben und mit einkneten. Die fertige Konsistenz sollte feuchtem Sand ähneln.

❷ Das Gemisch vierteln, in je ein Schälchen geben und je eine Farbe dazutun. Mit der Hand gut vermischen, bis die jeweiligen Farben gleichmäßig angenommen wurden.

❸ Nun die vier gefärbten Teile wieder in einer Schüssel zusammenfügen. Kurz mit den Händen durchmengen, aber eher locker, es soll kein fester, zusammengefügter Teig entstehen, sondern eher bunte Regenbogenstreusel.

❹ Nun entweder mit der Hand zu runden Badekugeln formen, in bereitgestellte Formen drücken oder die Badekugeln mit speziellen Badekugelformern herstellen. Dabei musst du gut pressen, damit feste Badekugeln entstehen.

❺ Ausformen und an einem trockenen Ort mehrere Stunden, am besten über Nacht, aushärten lassen und danach ebenfalls trocken lagern.

Anwendung:

Gib 1 Badebombe pro Vollbad in dein warmes Badewasser.

Info:

Ganz leicht kannst du die Badebomben verändern. Mach sie einfarbig und drücke kleine Sterne oder Perlen hinein, bedufte sie mit ätherischen Ölen oder forme die Kugeln zu Einhorn-Hörnern und streue Glitter darüber.

Tipp:

Am besten benutzt du Einmalhandschuhe, damit die Lebensmittelfarbe deine Hände nicht bunt färbt.

MENGE: 6–12 Stück, je nach Größe der Form
SCHWIERIGKEITSGRAD:

Deine Einhorn-Pummel-Tasse

VORLAGE S. 45

MATERIAL

Kopierer mit Druckerpapier ★ Porzellan-Transferfolie ★ Papierschere ★ Backpapier ★ Bügeleisen ★ Wasserbad ★ weiße, zylinderförmige Tasse ★ Backofen

SCHWIERIGKEITSGRAD: ♦ ♦ ♦

Wie könnte der Tag besser beginnen als mit einem Kaffee aus einer selbst gemachten Einhorn-Pummel-Tasse? Wir sagen dem lahmen Geschirr im Küchenoberschrank den Kampf an und werden heute zum Porzellandesigner!

So geht's:

1 Kopiere unser Tassenmotiv mit dem süßen Pummeleinhorn von Seite 45 auf Porzellan-Transferfolie.

2 Schneide das Motiv knappkantig aus und schmeiß den Backofen auf die vom Hersteller angegebene Temperatur an. Zieh den Druck von dem Trägerpapier ab.

3 Lege den Druck auf das glänzende Papier und drücke es an.

4 Bedecke nun den Druck mit Backpapier und bügle das Motiv fest. Schneide es im Anschluss aus.

5 Lege den Zuschnitt in einen tiefen Teller mit handwarmem Wasser.

6 Sobald sich die Grafik vom Trägerpapier löst, wird sie aus dem Wasserbad genommen und auf der Tasse platziert.

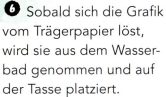

7 Schiebe die Tasse für die vom Hersteller angegebene Zeit in den Backofen.

Unicorn-Cookies

zum Verlieben

Diese kleine Einhorn-Herde sieht braver aus, als sie in Wirklichkeit ist: Vernasche einen der süßen Einhornkopf-Kekse, und du wirst sehen, wie Einhorns Stärke und Magie dich beflügeln!

Zutaten
für ca. 15 Kekse

Für den Teig:
100 g gesiebter Puderzucker
125 g Butter
1 Prise Salz
Mark von 1/2 Vanilleschote
1 Ei
225 g gesiebtes Mehl

Für das Icing:
250 g Puderzucker
1 Eiweiß
etwas Zitronensaft

Außerdem:
Lebensmittelfarbe (Paste) in Violett, Pink, Blau, Grün und Gelb
7 Spritzbeutel mit Lochtülle (2,5 mm)
Winkelpalette
1 schwarzer Lebensmittelstift

Prüfe zuerst einmal, ob deine Teigzutaten in etwa alle die gleiche Temperatur haben. Sie lassen sich am besten bei Zimmertemperatur verarbeiten. Sind die Butter oder das Ei zu kalt, warte also lieber noch 30 Minuten, bevor du anfängst. Dann kann's losgehen:

Schlage den gesiebten Puderzucker mit Butter, Salz und Vanillemark in einer Schüssel schaumig. Verwende dafür entweder die Knethaken des Handmixers oder eine Küchenmaschine. Gib dann das verquirlte Ei dazu und anschließend das gesiebte Mehl. Verarbeite alles zu einem glatten Teig. Forme ihn zur Kugel, wickle ihn in Frischhaltefolie und lasse ihn für mindestens 2 Stunden im Kühlschrank ruhen.

Knete den Teig nach der Ruhezeit nur kurz mit deinen Händen durch und rolle ihn anschließend zwischen zwei Lagen Backpapier ca. 5 mm dick aus. Dabei sollte der Teig nicht zu warm werden. Auf Mehl solltest du ihn nicht ausrollen, denn das macht den Teig trocken und das Icing lässt sich später nicht so gut aufbringen. Anschließend lässt du ihn für etwa 30 weitere Minuten im Kühlschrank ruhen. Die Cookies lassen sich dann besser ausstechen und behalten beim Backen ihre Form. Heize während der Ruhezeit den Backofen auf 175 °C vor.

Steche nun so viele Einhörner wie möglich aus und hebe sie mit einer Winkelpalette auf ein mit Backpapier ausgelegtes Backblech. Im vorgeheizten Backofen brauchen sie nun ca. 18 Minuten Backzeit. Sie sind fertig, wenn sich ihre Ränder ganz leicht braun verfärben. Gib die Cookies dann auf ein Kuchengitter und lasse sie vollständig abkühlen.

Für die Icing-Grundmasse siebst du den Puderzucker in eine Schüssel, gibst das Eiweiß hinzu und vermengst alles erst einmal mit dem Handmixer oder der Küchenmaschine auf kleinster Stufe. Erhöhe nun langsam die Rührstufe und füge ein paar wenige Tropfen Zitronensaft hinzu, bis eine dicke, weiß-glänzende, recht feste Paste entstanden ist. Nun so viel weiteren Zitronensaft oder Wasser tropfenweise hinzugeben, bis du aus dem Icing lange Spitzen ziehen kannst, die sich langsam neigen. Du hast nun weiches Icing, mit dem du sehr gut Konturen spritzen kannst.

Fülle so viel Icing in einen Spritzbeutel, dass du gut spritzen kannst, und zeichne damit die Kontur des Cookies nach. Dann zeichne unter dem Horn eine Abtrennung, vom Horn hinunter zum Hals und trenne auch die einzelnen Mähnenabschnitte. Lasse nun das Icing antrocknen und spritze die überschüssige Icingmasse zurück in die Schüssel.

Verdünne nun das Icing mit einigen Tropfen weiterem Wasser oder Zitronensaft, sodass die Masse eine joghurtähnliche Konsistenz hat und geschmeidig vom Löffel fließt. Fülle wieder einen Teil des Icings in einen Spritzbeutel und fülle Kopf- und Halspartie mit weißem flüssigen Icing aus. Spritze das überschüssige Icing zurück in die Schüssel und teile die Masse auf fünf Schüsseln auf. Färbe die Massen gelb, grün, blau, pink und lila ein und fülle sie in extra Spritzbeutel.

Nun werden die Hörner und Mähnen ausgefüllt. Das Horn wird gelb, die einzelnen Mähnenabschnitte werden von oben nach unten pink, lila, grün und blau.

Lasse die Kekse vollständig austrocknen – im Anschluss kannst du nun die Einhörner mit dem Lebensmittelstift mit Augen verzieren. Sehr niedlich sehen übrigens geschlossene Augen aus. Male einfach einen schrägen, geschwungenen Strich und versehe ihn seitlich mit schönen, langen Wimpern. Luftdicht und trocken gelagert, kannst du deine Kekse wochenlang aufbewahren, ohne dass sie schlecht werden. Sie werden aber wahrscheinlich nicht so lange halten …

TIPP:

Die noch feuchten Kekse kannst du nach Belieben mit silbernem oder pinkfarbenem Zuckerglitter bestäuben oder schillernde Zuckerperlen auf die Mähne oder das Einhorn kleben. Lasse hier deiner Fantasie freien Lauf und sei kreativ!

Zubereitungszeit: ca. 1 Stunde ♥ ca. 2 Stunden 30 Minuten zum Kühlstellen ♥ ca. 18 Minuten zum Backen ♥ ca. 30 Minuten zum Abkühlen ♥ ca. 1 Stunde zum Festwerden

Einhorn-Kirschkernkissen

GRÖSSE OHNE HORN:
ca. 30 x 30 cm

GRÖSSE MIT HORN:
ca. 40 x 30 cm

SCHWIERIGKEITSGRAD:
◆ ◆ ◆

VORLAGE S. 46

MATERIAL

Für die Hülle: Baumwollstoff in Rosa gemustert (ca. 90 cm breit, 30 cm lang) ★ Baumwollstoff in Hellblau gepunktet (ca. 20 cm breit, 20 cm lang) ★ Satin in Gold (ca. 45 cm breit, 10 cm lang) ★ leichtes Bügelvlies (ca. 90 cm breit, 30 cm lang) ★ Rest Füllwatte (kannst du aus einem anderen Kissen zupfen) ★ Zickzackband in Rot-Weiß gemustert (25 cm) ★ Wäscheknopf in Weiß (Ø 15 mm)

Für die Stickerei: Nähgarn in Dunkelviolett

Für das Inlett: Baumwollstoff in Weiß (ca. 90 cm breit, 30 cm lang) ★ 400 g Kirschkerne

Herrlich, sich so ein angewärmtes Kissen, mit Kirschkernen gefüllt, um den verspannten Nacken zu legen. Wenn es dann noch als freundliches Einhorn daherkommt, ist man gleich doppelt relaxed.

Zuschneiden:

Alle Schnittteile zuzüglich 0,7 mm Nahtzugabe zuschneiden:

aus rosa gemustertem Baumwollstoff:
2 x Einhorn
aus hellblau gepunktetem Baumwollstoff:
1 x Kragen Vorderteil, 1 x Kragen Rückenteil
aus goldfarbenem Satin: 2 x Horn
aus Bügelvlies: 2 x Einhorn, 2 x Horn
aus weißem Baumwollstoff: 2 x Einhorn

So wird's gemacht:

❶ Los geht es mit dem Nähen des Inletts: Lege die Stoffteile rechts auf rechts und nähe sie ringsherum zusammen – dabei lässt du 5 cm an der Unterseite offen. Wende nun das Inlett, bügele die Nähte aus und fülle durch die Öffnung die Kirschkerne ein. Du kannst dafür einen Trichter oder ein trichterförmig gerolltes Blatt Papier zu Hilfe nehmen. Wenn du ausreichend Kerne eingefüllt hast, steppst du die Öffnung zu.

❷ Und nun nähst du die Hülle: Verstärke beide Schnittteile vom Einhorn und vom Horn mit dem Bügelvlies.

❸ Stelle für die Stickerei einen ganz schmalen und engen Zickzackstich ein. Am besten, du machst zuerst eine Stichprobe auf einem Stoffrest. Sticke zuerst den Mund. Für das Auge stickst du zuerst die Rundung im Zickzackstich. Danach stellst du einen Geradstich ein und nähst langsam, Stich für Stich, die Wimpern.

Jede Wimper wird zweimal gesteppt (vor und zurück). Damit die Wimpern gleichmäßig lang werden, merke dir die Stichzahl und wiederhole sie bei jeder Wimper, ebenso die Stichanzahl für den Abstand von Wimper zu Wimper.

❹ Nähe das Horn jeweils rechts auf rechts an das Einhorn. Das Kragenvorderteil nähst du ebenfalls rechts auf rechts an der Ansatzlinie Kragen an das Einhorn. Dann bügelst du aus und schneidest das untere Ende vom Einhorn 1 cm zurück. Bügele nun das Kragenrückenteil an der Bruchlinie und die Nahtzugabe nach innen und steppe 2 cm breit ab. Mit dem Knopflochstichprogramm deiner Nähmaschine nähst du das Knopfloch. Auch hier lieber erst mal auf einem Reststück probieren!

❺ Steppe das Zickzackband nach innen zeigend auf die linke Seite an den Einhornrücken. Nun legst du beide Einhornhälften rechts auf rechts und steppst ringsherum. Schneide die Nahtzugaben an den Ecken des Kragens und der Einhornspitze schräg ab, damit sich der Stoff besser legt. Jetzt wendest du das Einhorn durch die Kragenöffnung und stülpst die Ecken mit der Schere vorsichtig aus. Zuletzt stopfst du die Füllwatte in das Horn, nähst den Knopf an und ziehst das Inlett ein.

Tipp: Auch ein Fransenband macht sich als Mähne für das Einhorn gut!

Regenbogen-Party-Brille

Ab jetzt machen deine Selfies richtig was her! Mit diesen tollen Foto-Gimmicks kommt Farbe in deinen Newsfeed!

Kopierer mit Druckerpapier
Klebestift
Fotokarton in Weiß (ca. 13 x 18 cm)
Papierschere
Heißklebepistole
Papier-Strohhalm

So geht's:

Kopiere die farbige Vorlage von Seite 45 aus dem Buch.

Klebe sie mithilfe eines Klebestifts auf weißen Fotokarton und schneide die Brille aus.

Du bist schon fast fertig! Klebe von hinten mit einem Tropfen Heißkleber einen Strohhalm an die Brille. Voilà!, die Fotoaktion kann beginnen!

Tipp:

Wenn du selbst kreativ sein willst, dann nutze die weiße Vorlage von Seite 45, male die Brille in deinen Regenbogenfarben aus, beklebe sie mit Glitzer, Glitzersteinen und allem, was dir Freude macht!

SCHWIERIGKEITSGRAD:

Einhorn-T-Shirt

TIPP:

Auf Seite 44 findest du auch eine Vorlage für einen **Einhorn-Pulli.** Für diesen brauchst du folgende Materialmengen: Filz in Rosa (ca. 16 x 20 cm), Gelb (ca. 15 x 9 cm), Blau (ca. 15 x 9 cm), Pink (ca. 15 x 9 cm), Weiß (ca. 3 x 9 cm).

Material

Kopierer mit Druckerpapier
Papierschere ★ Filzstift ★ Filz
in Rosa (ca. 10 x 25 cm),
Neon-Rosa (ca. 3 x 7 cm), Pink
(ca. 6 x 7 cm), Blau (ca. 9 x 8 cm)
★ Sticknadel mit Spitze ★ Stickgarn in verschiedenen Farben ★
T-Shirt mit Tasche bzw. Pulli

Vorlage S. 45

„Wow! Wo hast du das denn her?" Mit diesen Worten werden dich bald deine Freunde begrüßen! Wenn du in deinem neuen Einhorn-T-Shirt bei ihnen aufschlägst!

So geht's:

❶ Kopiere die Vorlagen von Seite 45 aus dem Buch und schneide sie aus.

❸ Fast geschafft! Nähe die Filzstücke mit einer Sticknadel und buntem Stickgarn Lage für Lage auf die gewünschte Stelle des T-Shirts.

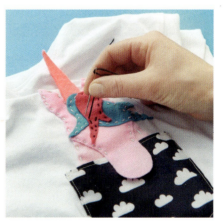

❷ Übertrage die einzelnen Schablonen mit einem dünnen Filzstift auf Filz in unterschiedlichen Farben und schneide sie sorgfältig aus.

SCHWIERIGKEITSGRAD:

Rainbow-Cupcakes

Back' dir deine Welt bunt! Mit den leuchtenden Rainbow-Cupcakes wird jeder graue Tag ein Sonnentag. Das vielfarbige Frosting toppt nicht nur die herrlichen Cupcakes, sondern auch deine Laune.

Zutaten für 12 Stück

Für den Teig:
- 225 g Mehl
- 2 Tl Backpulver
- 1 Prise Salz
- 150 g Butter
- 150 g Zucker
- 1 Tl Vanille-Extrakt
- 2 Eier
- 80 ml Milch

Für das Frosting:
- 175 g weiche Butter
- 200 g Frischkäse
- 150 g gesiebter Puderzucker
- 1 Tl Vanille-Extrakt

Außerdem:
- Butter für das Blech
- Lebensmittelfarbe (Paste) in Rot, Pink, Gelb und Blau
- Spritzbeutel mit 3 Kammern
- kleine goldene Zuckerperlen

Heize den Backofen auf 175 °C vor und fette die Mulden des Muffinblechs aus. Vermenge Mehl, Backpulver und Salz in einer Schüssel und verquirle in einer zweiten Schüssel die Butter mit dem Zucker und dem Vanille-Extrakt. Bis die Masse schaumig ist, dauert das rund 10 Minuten. Gib nun 1 Ei zur Buttermasse und verquirle es sorgfältig ca. 3 Minuten. Dann gib das andere Ei hinzu und verquirle es ebenso. Nun werden abwechselnd Mehl und Milch dazugequirlt.

Den Teig teilst du nun auf vier Schüsseln auf und färbst die einzelnen Portionen in Rot, Pink, Gelb und Hellblau ein. Verteile den gelben Teig mit einem Esslöffel auf die Mulden, dann den blauen, den roten und zum Schluss den pinkfarbenen. Versuche dabei möglichst, die Teigsorten vorsichtig aufeinander zu applizieren, damit sie sich nicht zu sehr mischen. Schiebe alles für ca. 25 Minuten in den Ofen. Hebe die Küchlein vorsichtig aus den Mulden und lasse sie auf einem Kuchengitter vollständig abkühlen.

Verquirle für das Frosting die weiche Butter mit dem Frischkäse in einer Schüssel. Gib dann nach und nach den Puderzucker hinzu und rühre zum Schluss den Vanille-Extrakt unter. Teile die Masse auf drei Schüsseln auf und färbe sie zart-pink, sanft-gelb und hellblau ein. Fülle die Farben getrennt in die drei Kammern des Spritzbeutels und setze damit auf jedes Küchlein eine schöne Regenbogen-Haube. Streue zum Schluss kleine Goldperlen darüber – fertig sind deine Regenbogen-Cupcakes.

Zubereitungszeit: ca. 30 Minuten ♥ ca. 25 Minuten Backzeit ♥ ca. 45 Minuten zum Abkühlen

Motiv-Knetseife
Wölkchen & Co.

20 ml Öl, z. B. Mandelöl, Sonnenblumenöl, Rapsöl oder Baby-Öl ★ 20 ml neutrales, durchsichtiges Duschgel ★ 10 ml Bodylotion nach Wunsch ★ 1 Prise Salz ★ 60 g Speisestärke ★ je 1 Prise bzw. Klecks Lebensmittelfarbe, Farben nach Wunsch ★ Keksausstecher, z. B. in Form von Sternen, Sternschnuppen, Herzen, Wolken oder Einhörnern

ZUTATEN

Wenn sich grüne Wölkchen, türkisfarbene Herzchen und lila Sternchen treffen, dann können Einhörner nicht weit sein. Mit der lustigen Knetseife kannst du ganz leicht unterschiedliche Formen und Farben kreieren. Deiner Fantasie sind keine Grenzen gesetzt. Probiere es aus!

So geht's:

❶ Öl, Duschgel, Bodylotion und Salz in ein Schälchen geben und mit einer Gabel verrühren. Nach und nach Speisestärke dazugeben und nun mit den Händen verkneten.

❷ Jetzt die Knetseife teilen und jeweils mit einer Lebensmittelfarbe einfärben.

❸ Dann die Knetseife etwa daumendick flach drücken und mit den Ausstechern die gewünschten Formen ausstechen. Auf ein Backpapier legen und etwas trocknen lassen.

❹ Danach in einem luftdichten Gefäß aufbewahren, sonst trocknet die Knetseife zu sehr aus.

Anwendung:

Reiß zum Händewaschen ein kleines Stückchen Knetseife ab. Unter Wasser wird sie cremig und du kannst deine Hände waschen.

Info:

Ist die Knetseife nicht mehr bröselig, klebt aber auch nicht an den Händen, sondern ist gut formbar, dann ist die Konsistenz spitze. Ist die Knetseife zu bröselig, musst du noch etwas Öl dazugeben und nochmals gut kneten. Ist sie zu feucht, dann hilft etwas mehr Speisestärke.

Tipp:

Wenn du die Formen vor dem Ausstechen mit etwas Mehl oder Speisestärke bestäubst, lässt sich die Knetseife besser ausformen und klebt nicht so sehr an der Form.

Tipp: Am besten benutzt du Einmalhandschuhe, damit die Lebensmittelfarbe deine Hände nicht bunt färbt.

MENGE: ca. 6 Stück
SCHWIERIGKEITSGRAD:

Die große Einhorn-Motivtorte

Einhorns Mähne aus zuckersüßen bunten Blüten lässt Mädchenträume wahr werden.
Für den Geburtstag der besten Freundin oder für die eigene Party: Diese Torte wird niemand vergessen!

Zutaten für 10 Stücke

Zum Verzieren:
60 g Blütenpaste
Lebensmittelfarbe in Pink, Lila und Orange
1 kg weißer Fondant
goldenes Lebensmittelspray
schwarzer Lebensmittelstift

Für den Teig:
60 ml Milch
2 Tl getrocknete unbehandelte Lavendelblüten
200 g weiche Butter
200 g Zucker
4 Eier
200 g Mehl
2 gestr. Tl Weinstein-Backpulver
100 g gemahlene Mandeln

Hast du schon einmal eine Motivtorte gebacken? Ja? Dann weißt du bestimmt, dass du Zeit einplanen musst – aber dafür jede Menge Spaß haben wirst! Und wenn diese Torte am Ende fertig ist, wirst du begeistert sein!

Bereite als Erstes die Deko-Elemente vor. Wir fangen mit den Blüten an: Färbe jeweils 30 g Blütenpaste in Pink und in Lila ein und knete die Masse dabei schön geschmeidig. Rolle sie dann dünn aus und stanze so viele Blüten aus, wie du Masse hast. Lasse dann die Blüten zum Trocknen auf einem Teller liegen. Besonders hübsch wird übrigens das Ergebnis, wenn du bei den Blüten variierst, sowohl in der Form als auch in der Größe.

Für das Horn nimmst du ca. 150 g Fondant und rollst diesen zu einem ca. 20 cm langen, fingerdicken Strang aus. Nimm nun deine drei Schaschlikspieße und wickle den Fondantstrang darum herum, aber so, dass unten ca. 7 cm frei bleiben. Überschüssigen Fondant knipst du einfach ab. Rolle oben das Horn noch etwas nach, sodass es ein wenig spitzer wird. ❶ Das Horn legst du nun ebenfalls zu den Blüten zum Trocknen.

Für die Öhrchen knetest du ca. 40 g weißen Fondant weich und rollst diesen ca. 3 mm dick aus. Schneide jetzt mit einem scharfen Messer zwei Ohren aus. Knete dann ungefähr 20 g weißen Fondant mit etwas pinkfarbener Lebensmittelfarbe weich, rolle

Für die Füllung, zum Bestreichen und zum Verzieren:
1 P. Vanillepuddingpulver
350 ml Milch
350 g Zucker
500 g zimmerwarme Butter
1 Tl Vanille-Extrakt
150 g Himbeergelee

Außerdem:
Blütenformen zum Ausstanzen
3 Schaschlikspieße (mit Zuckerguss zusammengeklebt)
4 Zahnstocher
2 Springformen (20 cm Ø)
Butter für die Formen
3 Spritzbeutel mit Sterntülle (ca. 1 cm)
Puderzucker und Speisestärke für die Arbeitsplatte

ihn dünn aus und schneide wieder zwei Öhrchen aus, allerdings etwas kleiner als die weißen. ❷ Lege dann die rosafarbenen auf die weißen Öhrchen, drücke alles fest und stecke in jedes Öhrchen zwei Zahnstocher, damit sie später auf der Torte befestigt werden können. Lege die Öhrchen ebenfalls zum Trocknen aus. Du solltest etwa 3 Stunden Trockenzeit einplanen.

Jetzt geht's zum Teig: dafür die Milch erhitzen, dann vom Herd nehmen. Lavendel hineingeben und darin ca. 10 Minuten ziehen lassen. Anschließend durch ein Sieb abgießen.

Heize den Backofen auf 180 °C vor und fette zwei Springformen mit Butter ein. Schlage die Butter mit dem Zucker ca. 10 Minuten schaumig und quirle die Eier einzeln dazu (jedes Ei etwa 3 Minuten). Mische dann Mehl mit Backpulver und siebe die Mischung über die Eier-Butter-Mischung. Gib die gemahlenen Mandeln hinzu und verquirle alles mit der aromatisierten Milch.

Teile den Teig nun auf zwei Schüsseln auf und färbe eine Teighälfte pink und eine zart-lila ein. Fülle die Teige in die Formen, streiche alles glatt und backe die Kuchen auf der mittleren Schiene ca. 35 Minuten. Stelle die Kuchen in den Formen auf ein Kuchengitter und lasse sie etwas abkühlen. Dann löst du sie vorsichtig heraus und lässt die Kuchen vollständig abkühlen. Begradige beide Kuchen oben (und verwende die Kuchenreste für Cakepops – yummie!), schneide, wenn du magst, auch den unteren bräunlichen Rand dünn ab und halbiere die Böden vorsichtig waagerecht.

Für die Füllung rührst du das Puddingpulver mit 50 ml Milch glatt und kochst die restliche Milch mit 3 Esslöffeln Zucker auf. Gieße dann das angerührte Puddingpulver dazu und lass es unter Rühren einmal aufkochen. Zieh den Topf vom Herd und lass den Pudding erkalten. Rühre dabei immer wieder um, damit sich keine Haut bildet.

Verquirle nun 250 g zimmerwarme Butter mit 4 Esslöffeln Zucker, bis alles schaumig-cremig ist. Quirle dann esslöffelweise den zimmerwarmen Pudding darunter. Fertig ist die Puddingcreme.

Zum Bestreichen rundum verquirlst du 250 g Butter mit dem restlichen Zucker und dem Vanille-Extrakt, bis sich die Zuckerkristalle aufgelöst haben.

Lege einen der lilafarbenen Böden auf eine Tortenplatte. Verteile nun ein Viertel der Puddingcreme darauf. Dann legst du einen der pinkfarbenen Böden auf und bestreichst diesen mit dem Himbeergelee. Lege dann wieder einen lilafarbenen Boden darauf und bestreiche diesen mit der gleichen Menge Puddingcreme wie den ersten. Schließe dann die Torte mit dem letzten pinkfarbenen Boden ab. Bestreiche die Torte rundum dünn mit der Buttercreme (es bleibt noch etwas übrig für die Dekoration). Arbeite hier ganz exakt, sodass nachher unter dem Fondant keine Dellen zu sehen sind. Stelle nun die Torte bis zur weiteren Verwendung in den Kühlschrank.

Verteile die restliche Puddingcreme auf drei Schälchen und färbe diese zart-lila, pink und zart-orange ein. Fülle die Cremes in drei Spritzbeutel und stelle sie ebenfalls kalt. Die restliche Buttercreme gibst du ebenfalls in ein Schälchen und färbst sie in etwas kräftigerem Orange, um später Akzente setzen zu können.

Knete nun den restlichen Fondant weich (ja, das ist leider Knochenarbeit …) und rolle ihn dann möglichst großflächig aus – immer nach der Regel: so dünn wie möglich, so dick wie nötig. Für Anfänger gilt: lieber etwas dicker, das lässt sich leichter verarbeiten. Bestäube den Fondant vor dem Ausrollen mit ganz wenig Speisestärke und Puderzucker, damit er nicht festklebt.

Hole die Torte aus dem Kühlschrank und kleide sie vollständig mit dem Fondant ein. Am einfachsten geht das, wenn du die Fondantdecke dafür über deinen Arm legst und sie dann mittig auf den Kuchen platzierst. Nun streiche sie vorsichtig von oben nach unten fest, sodass keine Falten entstehen. Alles, was unten über die Torte steht, schneidest du mit einem scharfen Messer sorgfältig ab.

Juhu! Die Torte ist jetzt bald fertig!

Besprühe das Horn rundum mit goldfarbener Lebensmittelfarbe. Stecke es oben mittig auf die Torte. ❸ Seitlich und leicht schräg dahinter steckst du die Öhrchen in die Torte. Nun spritzt du den Einhorn-Pony und die Mähne mit der restlichen Puddingcreme. Nimm einfach die drei Spritztüllen und spritze schöne Kringel und Rosetten. Wechsle mit den Farben ab – das Ergebnis wird jedes Mal etwas anders ausfallen, ist aber immer superschön. Die breiteste Stelle ist an den Ohren und dem Horn, danach lasse den Pony nach vorne schmaler zulaufen. Mit der Buttercreme setzt du kleine Akzente. Nun verteile deine Blüten in der Creme. Zum Schluss nimmst du einen Cocktail-Messbecher und drückst mit der 4-cl-Seite halbrunde Kreise auf die vordere Tortenseite. Zeichne nun mit dem schwarzen Lebensmittelstift die Halbkreise nach – das sind die geschlossenen Lider unseres Einhorns. Zeichne dann noch an jedes Auge drei lange Wimpern. Fertig ist deine Einhorn-Motivtorte!

Zubereitungszeit: ca. 2 Stunden 30 Minuten ♥ ca. 3 Stunden zum Trocknen ♥ ca. 35 Minuten Backzeit ♥ ca. 1 Stunde 30 Minuten zum Auskühlen

Schlüsselanhänger

MATERIAL

Filz in Weiß (ca. 5 mm stark, 10 cm x 10 cm) ★
beidseitig haftendes Vlies (ca. 20 cm x 20 cm) ★
Bastelfilz in Hellblau (ca. 15 cm x 15 cm) ★
Rest Bastelfilz in Lila ★
1 Öse zum Einschlagen (Ø 1 cm) ★
1 Schlüsselring

Mit diesem kleinen Einhorn aus Filz hast du immer deinen Glücksbringer dabei.
Auch als Geschenk für liebe Freunde macht es sich gut und schmiegt sich angenehm in die Hand.

Zuschneiden:

aus weißem Filz: 1 x Einhorn ohne Horn
aus Vlies: 1 x Einhorn mit Horn; 1 x Mähne; 1 x Stirnfransen
aus hellblauem Bastelfilz: 1 x Einhorn mit Horn; 1 x Mähne
aus Rest lilafarbenem Bastelfilz: 1 x Stirnfransen

So wird's gemacht:

❶ Übertrage das Einhorn samt Mund und Auge mithilfe der Schablone auf den weißen Filz und schneide die Form aus.

❷ Jetzt überträgst du Mähne, Stirnfransen und Einhorn auf das Vlies und schneidest die Formen mit etwas Platz ringsherum aus. Dann bügelst du das Einhorn und die Mähne auf den hellblauen Filz, die Stirnfransen auf den lilafarbenen Filz. Erst jetzt schneidest du alle Teile exakt aus.

❸ Steppe nun Mund und Auge mit einem schmalen, engen Zickzackstich. Am besten, du probierst den Stich erst mal an einem Reststück aus!

❹ Bügele Mähne und Stirnfransen vorsichtig auf und steppe sie mit farblich passendem Nähgarn fest. Damit die Mähne schön „fällt", die Stiche von oben nach unten laufen lassen.

❺ Jetzt bügelst du die hellblaue Einhornform auf die Rückseite des weißen Einhorns, sodass alle Nähte verdeckt sind. Zuletzt einen kleinen Schnipsel hellblauen Filz auf das Horn bügeln und in Form schneiden.

❻ Öse laut Herstellerangaben einschlagen und den Schlüsselring durchziehen.

Tipp:

Statt mit der Nähmaschine kannst du Augen, Mund und Mähne auch von Hand mit Stickgarn oder einem Wollfaden aufsticken.

GRÖSSE: ca. 9 x 10 cm
SCHWIERIGKEITSGRAD:

Vorlage S. 30/31:
EINHORN-T-SHIRT
auf 200 % vergrößern

Vorlage S. 28/29:
REGENBOGEN-PARTY-BRILLE
auf 200 % vergrößern

Vorlage S. 20/21:
EINHORN-PUMMEL-TASSE
auf 150 % vergrößern

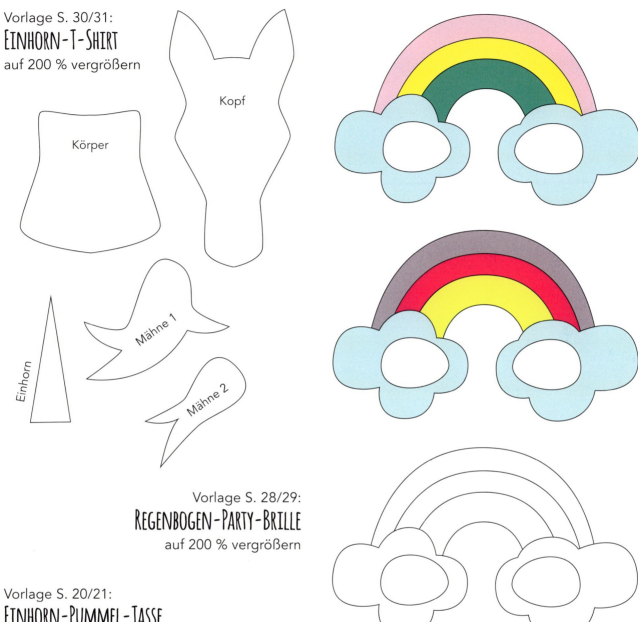

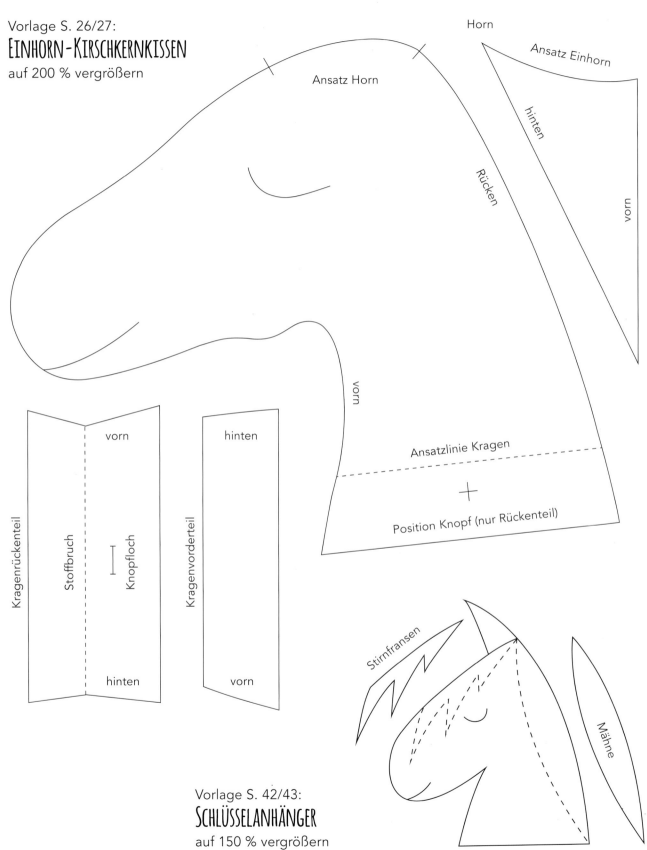

Text- und Bildnachweis

Modelle: Ideen, Anleitungen, Umsetzung
Cutter & Soul GmbH: S. 9, 14/15, 20/21, 29, 30/31
Uta Donath: S. 26/27, 42/43
Dr. Claudia Lainka: S. 12/13, 18/19, 34/35
Annika Schlouck: S. 4–6

Wir bedanken uns bei den Firmen Rayher-Hobby, Laupheim, und Westfalenstoffe, Münster, für die Unterstützung bei der Herstellung der Projekte auf Seite 26/27 und 42/43.

Rezepte
Nina Engels: S. 11, 17, 23/24, 33, 37–40

Modellfotos
Cutter & Soul GmbH: S. 21, 29, 31
Ullrich Alber: S. 8, 12, 14, 18, 20, 26, 28, 30, 34, 42
André Köhl: S. 4/5
NGV Verlagsarchiv: S. 6
TLC Fotostudio: S. 10, 16, 22, 32, 36, 39, 40

Illustrationen
Fotolia.com:
© aga7ta (Hintergrund S. 14/15, 18, 34, 41), © beholdereye (Hintergrund S. 10/11, 22–24, 32/33, 36–40), © hellena13 (Muster in Tape und Wimpelkette), © Jan Engel (Wimpelkette S. 3, 8, 16, 47), © Jane Lane (S. Hintergrund S. 7, Wimpelkette S. 23, Stern S. 17, Blume S. 15, Herz, Wolke S. 18), © johnjohnson (Spritzer), © kavunchik (Goldfond), © kazy (Goldglitzer), © kris_art (Einhorn S. 25), © lilam8 (Einhorn-Icons, Diamant S. 13, Einhorn S. 38), © Marina Zlochin (Einhorn S. 8, 20, 41, Sterne S. 9, Dreieck-Hintergrund S. 2, 4, 6, 15, 17, 28, 47), © Martyshova (Einhorn S. 1), © nelik (Häkelherz S. 5), © orangeberry (Papier-Hintergrund S. 8/9, 16/17), © pomah (Papier-Hintergrund S. 4, 20, 26, 28/29), © Ron Dale (Goldpunkte S. 42), © senoldo (Sterne S. 1, 12, 28, 36–40, 47, 48), © surachetkhamsuk (Goldglitzer), © undrey (Hintergrund S. 3, 5, 19)

Designed by Freepik.com:
© Asmaarzq, © Kjpargeter, © Layerace, © Milano83, © Natalka_dmitrova

Redaktion
Ulrike Schulte-Richtering

Satz
Stephanie Wojtynek

Abkürzungen

abm	=	abmaschen	Stb	=	Stäbchen	kg	=	Kilogramm

abm = abmaschen   Stb = Stäbchen   kg = Kilogramm
arb = arbeiten   verd = verdoppeln   l = Liter
fM = feste Masche(n)   Vor-R = Vorreihe   m = Meter
hStb = halbe(s) Stäbchen   Vor-Rd = Vorrunde   ml = Milliliter
Km = Kettmasche   wdh = wiederholen   mm = Millimeter
Lfm = Luftmasche   zus = zusammen   Msp. = Messerspitze
LL = Lauflänge   zus.häkeln = zusammenhäkeln   P. = Päckchen
M = Masche(n)   cm = Zentimeter   Tl = Teelöffel
Nd = Nadel(n)   El = Esslöffel   Ø = Durchmesser
R = Reihe(n)   g = Gramm
Rd = Runde(n)   gestr. = gestrichen

Schwierigkeitsgrad

leicht    für Fortgeschrittene   für Könner

Backofen

Falls nicht anders angegeben, beziehen sich die Backofentemperaturen auf den Elektroherd mit Ober- und Unterhitze. Falls du mit Umluft arbeitest, reduziere die Temperatur um 20 °C.

Materialangaben und Arbeitshinweise in diesem Buch wurden von den Autorinnen und den Mitarbeitern des Verlags sorgfältig geprüft. Eine Garantie wird jedoch nicht übernommen. Autorinnen und Verlag können für eventuell auftretende Fehler oder Schaden nicht haftbar gemacht werden. Das Werk und die darin gezeigten Modelle sind urheberrechtlich geschützt. Die Vervielfältigung und Verbreitung ist, außer für private, nicht kommerzielle Zwecke, untersagt und wird zivil- und strafrechtlich verfolgt. Dies gilt insbesondere für eine Verbreitung des Werkes durch Fotokopien, Film, Funk und Fernsehen, elektronische Medien und Internet sowie für eine gewerbliche Nutzung der gezeigten Modelle. Bei Verwendung im Unterricht und in Kursen ist auf dieses Buch hinzuweisen.